AF224408

BIOGRAPHIE

POLITIQUE ET SATIRIQUE

D'UN NAIN

Par M. Guépo

Vous ferrez à glace le Petit-Poucet.

Conte.

BIOGRAPHIE

POLITIQUE ET SATIRIQUE

D'UN NAIN

PAR M. GUÊPE.

Vous ferrez à glace le Petit-Poucet.
Conte.

Les hommes vertueux, comme les grands criminels, ont eu des panégyristes : pourquoi un *nain* qui s'est fait une certaine réputation par ses escobarderies n'aurait-il pas le sien ?

Je commence cependant par déclarer que je ne connais mon petit gamin que de réputation, et que depuis qu'il s'est mis en place : ce n'est donc pas en qualité d'homme privé que j'esquisse sa vie. Tout ce que je puis dire de lui, c'est que je le rencontre souvent dans les rues, et que j'agis avec lui comme avec le bon Dieu quand je le rencontre ; il me salue, je le lui rends, mais je ne lui parle pas.

Un homme qui ne parvient aux honneurs que par l'intrigue n'est pas digne de l'estime des honnêtes gens. Puisqu'il est passé par la porte cochère pour monter sur les planches, par cela seul il mérite d'être sifflé.

On me dira peut-être que la vie d'un citoyen doit être murée ; je répondrai, comme le général Foy, que celle d'un homme public doit être de verre. Ce n'est donc pas l'homme privé que je veux peindre, c'est le fonctionnaire et les *roueries* qu'il a employées pour arriver.

Notre pygmée n'a pas été bercé, en venant au monde, sur les genoux d'une princesse. Son père, qui n'avait aucun moyen d'existence, ne pouvait lui donner ce qu'il n'avait pas ; cependant, doué d'un physique robuste et entreprenant, il résolut de sortir de cette position. « Je suis né pauvre, disait-il ; j'ai vu qu'il n'y avait dans le monde que l'argent de considéré, j'en veux avoir ; j'irai, pour en avoir, mettre à contribution, s'il le faut les campagnes ; quand j'en aurai, je me retirerai dans une grande ville ou aux environs, et je vivrai en honnête homme, tout comme un autre. » Notre Franc-Comtois, imbu de cette philosophie, quitte son pays natal, part pour l'Espagne en qualité de contrebandier, et va chercher dans ce pays les rêves de sa fortune. Après en avoir parcouru une partie sans avoir réalisé ses espérances, il se dirigea sur les montagnes de l'Aragon et de la Catalogne. Les Miquélistes qui habitent ces montagnes le reçurent dans leurs bandes. Après quelques mois de noviciat, on lui fit prêter serment de fidélité ; cette cérémonie terminée, le chef lui pendit deux pistolets à la ceinture et lui mit à la main le terrible *nabaja*, couteau très long et effilé, en lui ordonnant de s'en servir avec *bravoure* et avec *fruit ;* il jura, non sur l'Evangile, mais sur l'Alcoran de l'ordre, qu'il serait fidèle à son serment.

Effectivement, jeune, robuste et d'un caractère de tigre, supportant admirablement toutes les fatigues, ne reculant devant aucun danger, il surpassa en peu de temps les espérances qu'on en avait conçues. Pour récompenser tant de zèle et tant d'activité, on le nomma brigadier d'une cohorte. Dans ce nouveau poste, qu'il remplissait à merveille, il gagnait beaucoup d'argent ;

malheureusement ce commerce ne dura pas assez longtemps : son caractère insatiable le perdit. Ayant mené
sa bande dans un village pour le mettre à contribution ,
les paysans arrivèrent en masse , s'emparèrent des uns ,
en tuèrent quelques autres ; notre héros ne dut son
salut qu'à sa présence d'esprit et à la souplesse de ses
jarrets. L'alcade de la Seu-d'Urgel , ayant été instruit de
cette affaire, mit la tête à prix de notre Franc-Comtois. Ne doutant pas qu'il ne fût vigoureusement
poursuivi , il repassa brusquement les Pyrénées et
erra de montagne en montagne, jusqu'au Dauphiné.
Des Miquélistes français qu'il rencontra dans ces parages
lui ayant assuré que le gouvernement Espagnol n'avait
fait aucune démarche auprès du nôtre , parce qu'on le
croyait toujours dans la Péninsule, il cessa de ce cacher ;
fatigué et dégoûté de cette vie errante et vagabonde , il
résolut de se fixer dans un endroit où il ne serait pas
connu. Effectivement, en sortant du Dauphiné , et ayant
passé le Rhône dans un endroit où les mariniers avaient
jadis la louable habitude de s'arrêter pour faire une
courte prière pour se recommander à St.-Nicolas , leur
patron , là il planta sa tente et un tonneau et se mit à
vendre du vin aux passants. Comme il n'était connu de
personne et que son amabilité n'était pas très engageante,
les chalands arrivaient lentement; il n'y avait que les
gens tarés et les abrutis de l'endroit qui allaient le
visiter. Mais dès que ses anciens camarades surent où
il était établi, ils arrivèrent de tous les côtés pour gros-
sir sa clientèle. Ce cabaret étant devenu le rendez-vous
des écumeurs de grand chemin et le quartier - général
de la contrebande , notre *héros catalan* gagna en peu de
temps beaucoup d'argent. Vous me demanderez peut-être,
cher lecteur, d'où je tiens des documents si tragiques

et si divers; le voìci. Au dire de nos pères, et surtout du mien, qui ne restait qu'à quelques mètres de ce taudis, cet homme, quoique dur et sauvage, avait quelques moments de gaité, et cela arrivait quand Bacchus avait humecté sa langue un peu plus qu'à l'ordinaire. Oh! alors, il chantait, il s'amusait et racontait avec plaisir toutes ses aventures. Or, tout le monde sait que : *In vino veritas*. Nous ne parlerons pas de ses amours, ce n'est pas notre affaire; d'ailleurs, le *méchant* fétus qu'il a laissé, nous dit assez ce qu'elles ont été.

Si nous avons fait connaître le père par quelques fragments de sa vie, c'est pour rappeler au fils qu'il ne sort pas de la cuisse de Jupiter, et qu'il lui sied très mal d'être si orgueilleux et si présomptueux.

Revenons à notre sujet. Le père ayant gagné beaucoup d'argent dans le commerce dont nous avons parlé, songea à faire donner à son fils une solide instruction; mais malheureusement on négligea de lui donner cette éducation qui rend l'homme bon et humain. Voilà pourquoi il conserve, enfant comme homme, ce caractère *fourbe, irrascible* et *vindicatif.* C'est ce qui nous fait dire avec les publicistes qui ont traité cette matière, que *l'instruction* sans *éducation* est un fléau pour une nation libre !

Ses études terminées, le père songea à lui donner un état conforme à ses goûts; il demanda en conséquence ce qu'il voulait apprendre; le fils répondit qu'il désirait être médecin. Le père, charmé de cette détermination, fit à cet égard tout ce qu'il fallait pour l'envoyer à l'hôpital commencer son cours de médecine.

Dans cette nouvelle position, notre apprenti-esculape montra une inclination particulière pour l'anatomie; il avait tant de goût pour cette science, qu'il sut manier en peu de temps avec autant d'adresse et de dextérité le *scalpel*, que son père en avait eu pour manier le *na-baja*. Quand son tour arrivait pour être au service des malades, où le trouvait-on ? à l'amphithéâtre, à dissé-quer, non pour s'instruire, disaient ses condisciples, mais pour le plaisir qu'il éprouvait à manier de la chair humaine : c'est de là que lui vient le sobriquet d'*ap-prenti charcutier*.

Etant reçu médecin, il se retira dans son village pour y exercer sa profession. Il resta très longtemps sans pratiques et ignoré de tout le monde ; les gens du peu-ple ne le connaissaient pas, et les gens de la bonne so-ciété le connaissaient trop pour le fréquenter. Cet iso-lement était d'autant plus pénible, que son orgueil et son ambition en souffraient. Un jour qu'il était dans le désespoir, il dit à son père que si cela ne changeait pas, il partirait pour l'Amérique ; qu'il ne pouvait plus supporter cette position. Son père lui répondit : « Prends patience, les *piastres des contrebandiers* ne sont pas en-core finies. — Je ne me plains pas de la fortune, mais je ne puis supporter d'être privé de la bonne société ; d'ailleurs, qu'est-ce que la fortune sans honneurs et les honneurs sans fortune ? »

Il savait que dans un gouvernement d'élection on ne peut arriver aux honneurs que par les *talents* et la *popularité*. N'ayant ni l'un ni l'autre, comment faire pour réussir ? Je vais, disait-il à son père, faire comme beaucoup d'autres : *retourner mon habit ;* peut-être que je réussirai comme eux. Il se mit donc à l'œuvre : de *fourbe* qu'il était, il prit un air franc et loyal ; de vindi-catif, il devint débonnaire ; d'irascible, il devint doux comme un agneau ; d'athée, il devint un fervent appui de la religion, etc. Il sut si bien jouer la comédie dans cette circonstance, que le peuple, bon et crédule, crut à la sincérité de cette métamorphose, et ne pensait pas qu'un homme pût avilir ainsi son être pour courir après un fantôme de fumée que le moindre vent emporte pour ne plus reparaître, et qu'il n'y a que la trace *noire* où elle a passé qui reste.

Pour vous convaincre de cette vérité, lisez le Dictionnaire des Girouettes politiques ; vous y verrez que les unes sont descendues dans la tombe , emportant avec elles la honte et le mépris, et que celles qui nous restent se promènent dans nos rues la tête haute et altière , mais avec un front rouge, couvert d'ignominie, et une conscience qui leur crie toujours : Qu'as-tu fait de mon honneur ?

Si cet homme eût été mu par de nobles sentiments et par de bonnes intentions, c'eût été un charme de le voir faire et de le voir agir ; il se multipliait lui-même, et se rendait officieux de mille et mille manières : il allait, il venait, il courait dans le village, touchant la main à celui-ci, donnant une accolade à celui-là , arrachant une dent à l'un, administrant un clystère à l'autre, pleurant avec ceux qui étaient dans la peine, riant et dansant la *polka* avec ceux qui étaient dans la joie; de sorte que dans ce petit homme il y en avait un régiment. Cette manière d'agir eut tant de succès , que le peuple le regardait comme le bienfaiteur de l'humanité, et les dévotes comme un saint. Je suis persuadé que s'il fût mort dans ce moment d'engouement, on se serait partagé ses dépouilles en forme de reliques.

Comme il savait que les élections municipales approchaient, et qu'il n'avait joué la comédie que pour devenir maire de la commune, parce que cela pouvait le conduire à autre chose, il profite habilement de cette disposition des esprits pour 'parvenir à son but : tout lui réussit comme il le désirait.

Voilà donc notre petit comédien au comble de ses vœux :

> Du maire et du docteur cumulant les sciences,
> C'est au coin de nos murs qu'on lit les ordonnances ;
> De celles-là du moins, personne ne mourra,
> Et, qui plus est, gratis chacun les recevra.
> Ayant deux intérêts, tu peux, docteur et maire,
> Servir ceux du hameau et ceux du cimetière ;
> Tes malades jamais n'élèveront la voix,
> Mais tes administrés jaseront quelquefois

de tes escobarderies.

Notre nouvel élu assembla son conseil et lui parla longuement des besoins et des ressources de la commune ; il lui fit part aussi des améliorations qu'il voulait introduire dans l'administration, en nivelant les dépenses avec les recettes. Le conseil, composé d'hommes honorables sous tous les rapports, en lui votant des remerciements, lui promit son concours toutes les fois qu'il s'agirait du bien général de la commune. Les choses marchèrent ainsi pendant quelque temps sans opposition, jusqu'à la présentation du budget de 1844.

Le maire, sans rapport ni explication, présenta *in globo* à la sanction du conseil son budget. Le conseil, jaloux de faire son devoir, rejeta cette manière cavalière de procéder, et voulut nommer une commission pour examiner, article par article, les comptes de l'administration. Le maire cria en termes peu polis à la méfiance. Les conseillers répliquèrent que leur conscience et leur raison leur défendaient de signer des comptes dont ils ignoraient l'emploi. Le maire persista dans son entêtement, et, irrité qu'on osât lui résister, provoqua, par une *dénonciation infâme*, la dissolution d'un conseil qui avait si bien compris son mandat et son devoir.

Un homme respectable par son âge, par son savoir et par les services qu'il a rendus à l'humanité souffrante, a, dans un écrit plein de modération, prouvé l'injustice et l'inconséquence de cette mesure.

En parlant de cette brochure, M. le curé disait que c'était l'enfant d'une froide vieillesse, etc. Je sais bien que ceux de M. le curé sont robustes et bien portants ; il faut bien qu'ils ressemblent à leur père. Quant à la brochure, il est trop matériel pour pouvoir la juger : « L'oie trop grasse, dit l'Ecriture, ne plane pas dans les nues. »

L'autorité supérieure, sans prendre aucun renseignement, ne tarda pas d'envoyer au maire l'ordonnance qu'il avait provoquée. Dès qu'il l'eut dans sa poche, il ne la communiqua que lorsqu'il eut pris toutes les mesures nécessaires pour assurer sa réélection et celle de ses amis.

Raconter toutes les promesses, toutes les menaces, toutes les obsessions, toutes les rouéries qu'il a employées dans cette circonstance, serait une narration trop longue et trop dégoûtante. Il allait, il venait, il se faisait plus souple que le ressort le plus fin ; il se contournait en mille et mille manières. Comme le serpent, il se tendait, se détendait, s'abaissait jusqu'à terre ou s'élevait sur la pointe de ses petits souliers, qui étaient *ferrez* à glace. Il montait, il descendait, il entrait dans les maisons le jour ou la nuit, soit par la porte, soit par la fenêtre ; si elles étaient fermées, il entrait par la chatière ou par le trou de l'évier, et il n'en sortait que lorsqu'il avait obtenu ce qu'il demandait. Si on lui résistait (et cela lui arrivait assez souvent), il menaçait les récalcitrants des foudres administratives, qu'il se souviendrait d'eux dans la ré-

partition des impôts ou dans le classement des patentes,
dans la confection des listes électorales, etc.

Ces courses terminées, il fit appeler les principaux
chefs de sa coterie et leur fit cette harangue, à la manière
des empereurs romains : « Mes chers camarades, l'heure
est venue de montrer que vous n'êtes pas des êtres ina-
nimés, ni des corps dubitatifs, ni sans intelligence, ni
sans sang dans les veines. Paraissez enfin au grand jour,
et faites voir qui vous êtes, combien vous êtes, et surtout ce que vous savez faire. Les dieux n'accordent la
victoire qu'aux guerriers hardis et persévérants. Honte
à ceux qui lâchent le pied avant de combattre ! Si la tête
vous tourne et si le cœur vous manque, regardez mon
panache rouge, blanc, vert, tigré (et jaune, dit sa fem-
me), et suivez-le ; il vous conduira à la victoire. Souve-
nez-vous qu'il est digne de vous et de moi de rester fer-
mes à notre poste et d'en écarter ces *éplucheurs de
budget.* »

Cette harangue terminée, il fit appeler MM. Grandgé-
sier, Lafontaineputride, Dépéricruchon, et leur donna
des instructions particulières, dont j'ignore le contenu.
« Partez, leur dit-il, allez-vous-en chacun dans votre
quartier ; revenez demain, à neuf heures, me rendre
compte de votre mission ; n'oubliez pas surtout de prendre en note les électeurs qui ne savent pas écrire, et tâ-
chez que les nôtres leur fassent leur bulletin au jour des
électeurs. »

Ils partent donc chacun de leur côté, non, comme les
apôtres, non pour aller prêcher la paix, la concorde, la
charité et l'amour, mais pour aller semer la division, la
haine, la discorde dans une commune qui était jadis un
modèle de tranquillité et d'union.

Après qu'il eut donné les ordres à ceux qui venaient

de sortir, il en entra d'autres qui venaient aussi pour le même sujet. Eh bien ! demanda le maire, quel bon vent amenez-vous, mes amis ? — Du zéphir du mois de mai, dit M. Hors-la-Selle. — C'est là une réponse d'une coquette élevée au sérail du grand sultan, répliqua le maire.

M. Moulinet s'avança *clopin-clopant* pour parler, car c'était lui qui devait porter la parole au nom de tous. Laissez approcher les estropiés, dit le maire ; ne savez-vous pas que le fils de Dieu courait les carrefours de la Judée pour les inviter à sa table? —Vous parlez comme ce même Dieu, dit Forgey, quand il était dans le temple de Jérusalem au milieu des pharisiens.— Tous les pharisiens ne sont pas à Jérusalem, répondit le maire en riant.

M. Balayez interrompit cette conversation en priant M. Moulinet de donner tous les documents qu'il avait recueillis sur les élections ; qu'il ne fallait rien taire.

M. Moulinet obéit et continua sa narration en disant : Vous savez, Messieurs, que d'après la nature de nos fonctions je dois être *partout* et *nulle part ;* j'ai donc parcouru depuis plusieurs jours la commune en tout sens, le jour comme la nuit ; je n'ai entendu que des éloges en l'honneur de notre *bon* et digne magistrat ; sa réélection à une forte majorité est donc assurée. Mais il n'en est pas de même de notre ami *Anavait*, je crains beaucoup qu'il ne passe pas. — De quoi se plaint-on, demanda le maire ? —De quelques clystères qu'il aurait adm inistrés, dans lesquels il aurait mis du *poivre* au lieu de *son ;* qu'étant très maladroit dans son état, comme sont presque tous les savoyards , il pourrait occasionner quelques désagréments à l'aréopage. Quant à notre ami Forgey, il passera, mais à une très faible majorité.—Pourquoi cela ? demanda le maire. — On ne se plaint pas de son instruction, au contraire, on le dit grosse et forte tête ; d'ailleurs, ses yeux spirituels annoncent ce qu'il est; mais ce sont les femmes qui défendent à leur mari de voter pour lui, en disant que ce serait un trop vilain coco municipal. Or vous savez ce que c'est que les femmes? — Le maire avec véhémence : — Si la nature nous a refusé ses dons, mon cher Forgey, elle nous a amplement dédommagés par les dons de l'esprit. — Tous les assistants en chœur : Oui! oui !!!

M. Hors-la-Selle prit ensuite la parole et dit au maire que si la population était si bien portée en sa faveur, c'était parce qu'il avait promis qu'il établirait une ferme-modèle dans la commune, pour le besoin des agriculteurs et pour les éleveurs de bestiaux. Le maire répon-dit qu'il n'avait pas attendu qu'on lui parlât de cette affaire; qu'il avait envoyé au ministre le projet et le plan, ainsi que la nomination du personnel ; qu'il n'avait pas oublié ses amis; que lui, M. Hors-la-Selle, était en tête de la liste avec une note détaillée sur la belle et noble conduite qu'il avait tenue en 1817 et 1829, lorsqu'il était maire. Qui aurait cru qu'il y aurait eu de pareils édiles en 1844? Je n'ai pas non plus oublié, dit le maire, ce brave Balayez, lui qui est venu au monde comme un *aérolythe*, en tombant dans la soutane d'un prêtre, et qui ne lui a laissé pour tout héritage que sa *douceur* et sa *chasteté*, il est le second sur la liste, comme devant avoir soin des bêtes à cornes; mais il ne doit jamais conduire ces animaux au vert qu'accompagné de M. Anavait, muni des instruments de M. Pourceaugnac, crainte d'accidents. M. Forgey est porté sur la liste comme professeur des enfants de la ferme-modèle. Quant aux autres nominations, je vous les ferai connaître plus tard. A demain !

Un mot avant de nous quitter : n'oubliez pas de voir les électeurs malades et les indifférents. Promettez des

voitures aux premiers et stimulez les autres par des promesses.

Le maire qui n'avait fait connaître les nominations
qu'il avait faites que pour exciter un nouveau zèle dans
ces missionnaires, vit son but fut parfaitement atteint,
car ils se séparèrent en jurant qu'ils ne se reposeraient
que lorsque tout serait mené à bien.

Le lendemain, nos missionnaires électoraux arrivèrent, tout rayonnants de joie, à l'heure indiquée, et re-
mirent au maire les renseignements qu'ils avaient obtenus.
Le maire fut si content de leur travail, qu'il les nomma,
séance tenante, ses trois premiers adjoints, en leur disant
que M. le préfet, son ami, ne manquerait pas d'approu-
ver ce choix, et le ministre ceux de la ferme-modèle. Au
milieu de cette joie, on introduisit le secrétaire de la commune, qui venait aussi rendre compte de ce qu'il avait vu,
entendu et fait. « Eh bien ! lui demanda le maire, qu'y
a-t-il de nouveau ? — Du bien et du mal, répond le secrétaire avec son air béat ; nous avons pour nous le plus
grand nombre, qui est l'ignorance, et contre nous l'intelligence. Il y a plusieurs de ces derniers qui m'ont très
mal reçu ; les uns me parlaient de *nabaja*, de *Miquélistes*,
de *charcutier*, de *Robert-Macaire;* d'autres m'appelaient
tartufier, *marchand d'orviétan*, etc. Ignorant l'origine et
la signification de ces épithètes, je n'ai pu répondre. —
Le maire en courroux : Pourquoi alliez-vous dans ces
maisons ? vous saviez bien qu'elles n'étaient pas pour
nous, et que *la sacristie s'était chargée de les convertir.* »

L'arrivée de M. le curé mit fin à cette scène et tira
d'embarras le pauvre secrétaire. Tout le monde sortit du
cabinet pour laisser seules nos deux autorités. Après les
civilités d'usage et les poignées de main, on parla de la
grande bataille électorale. M. le curé dit au maire qu'il

serait réélu, ainsi que les siens, à une forte majorité;
qu'il avait employé à cet égard toutes les ressources de
son ministère : confession, prônes, visites pastorales, etc.;
mais qu'il comptait, en retour, sur les promesses qu'il lui
avait faites; qu'il désirait vivement que les frères ignorantins fussent dans la paroisse instituteurs communaux.
Le maire lui répondit qu'il était un homme d'honneur;
que, s'il était élu ainsi que les siens, il lui serait facile de
faire voter le budget tel que M. le curé le désirait; qu'il
savait bien que les nouveaux élus ne savaient que signer,
« Et brouter des chardons », répliqua le curé en riant.
— Le maire, sur le même ton : Ce sont là les hommes
qu'il nous faut pour administrer à la façon de *Barbarie*,
mon ami. Quoique nous soyons à peu près sûrs que les
élections nous seront favorables, continua le maire, il y
aurait imprudence à nous reposer avant qu'elles fussent
terminées. Veuillez donc, Monsieur le curé, continuer vos
démarches jusqu'à cette époque. » Le curé, pour obtenir
ce qu'il désirait, continua ses intrigues, qui eurent un
plein succès.

Le pasteur, dit un publiciste, est le seul citoyen qui
ait *le droit et le devoir de rester neutre* dans les luttes de
partis qui divisent les hommes, car il est, avant tout,
citoyen du royaume éternel, *père commun des vainqueurs
et des vaincus*, homme d'amour et de paix, ne pouvant
prêcher que paix et amour, disciple de celui qui a refusé
qu'on versât une goutte de sang pour sa défense. Le curé
doit être, dans ses rapports, d'une noble et fraternelle
indépendance avec tous ses paroissiens. Il ne doit jamais
oublier que son autorité commence au seuil de son église,
au pied de son autel, sur la porte de l'indigent et du ma-
lade, au chevet du mourant : là il est l'homme de Dieu;
partout ailleurs il doit être le plus humble et le plus ina-

perçu des hommes. En se conduisant ainsi, il est le plus édifiant, le plus utile et le plus respectable de la commune. Au contraire, celui qui se sert de son saint ministère pour intriguer, cabaler, former des coteries, pour mieux satisfaire ses passions ainsi que sa cupidité, en est le plus scandaleux, le plus dangereux et le plus méprisable.

J'en ai dit assez pour ce moment ; car, je le sais, auprès de certaines administrations, ne pas trouver admirable leur gestion, c'est être mauvais citoyen; la critiquer, c'est être tracassier et sécrètement ambitieux de la place; crier tout fort contre leur injustice et leur partialité, ce sont des calomnies dictées par la rancune et la malveillance; consigner ses doléances dans une brochure, ce sont des brouillons qu'il faut envoyer aux petites-maisons pour leur apprendre que *toute vérité n'est pas bonne à dire, même en riant.*

Nous terminons cette esquisse en disant que notre visir de bas étage fut réélu ainsi que ses acolytes ; que le curé eut ce qu'il avait demandé ; que la nomination des adjoints fut approuvée par le préfet ; que le secrétaire de la mairie fut envoyé frère servant dans un hospice ; que la vengeance, vertu dominante du petit visir, ne manque pas d'atteindre par mille moyens occultes et divers, comme il l'avait promis, ceux qui n'avaient pas voulu se prêter ou s'associer à ses intrigues électorales. Il n'y a que la ferme-modèle dont il ne parle plus ; aussi, ceux qui devaient y être employés crient-ils à la fourberie.

Si la publicité que nous donnons à ces petites ruses administratives peut corriger quelques abus, réparer quelques injustices, jamais opuscule n'aura obtenu un succès plus flatteur. La malignité n'a point conduit notre plume. Pénétré des devoirs d'un auteur envers le public,

nous avons voulu rappeler aux maires qu'ils sont les re-
présentants de la commune et non d'une coterie ; que la
flèche de la vengeance et les vexations, dans leur élasti-
cité terrible, rebondissent presque toujours du front de
ceux qu'elles viennent d'atteindre à ceux qui les ont lan-
cées ; que les pasteurs doivent, comme dit saint Paul, se
faire tout à tous , et prêcher à tous, plus par l'exemple
que par les paroles, la charité, la paix, l'union et l'oubli
des injures.

Dans la deuxième livraison nous dirons le nom de la
commune qui a le bonheur de posséder un si bon maire ,
qui ne reste en place, dit-il, que pour se venger de ses
adversaires politiques et pour obtenir le *ruban* qu'il croit
avoir mérité par ses ignobles tracasseries. Nous parcour-
rons ensuite toute sa carrière municipale ainsi que celle
de ses conseillers intimes. Nous examinerons aussi dans
le même numéro, si les frères ignorantins peuvent être
instituteurs communaux ; nous consulterons, à cet égard,
leur règle ainsi que les théologiens qui ont traité cette
matière, et nous prouverons qu'ils manquent à leur état
et à leurs vœux en acceptant des places inamovibles.

Note historique. — Depuis 1800, les frères ignorantins
ont eu quatre supérieurs-généraux : le premier, qui s'ap-
pelait frère Gerbaud , était un homme rempli de l'esprit
de Dieu et de son état. Aussi, sous son administration,
aucun de ses disciples n'a dévié de la route qui lui
avait été tracée par le saint fondateur. Guillaume-de-
Jésus , qui lui succéda , était aussi un homme d'une

ferveur angélique et d'un rare savoir, mais d'un ca
ractère peut-être trop bon, car ses inférieurs commencè
rent à se relâcher sous son administration.

Le frère Anaclet qui vint ensuite, ayant le même ca
ractère et non les mêmes talents, ne sut pas arrêter le ma
qui grossissait sensiblement, et se laissa entraîner dan
les idées nouvelles au détriment de la règle. Le frère Phi
lippe, qui administre aujourd'hui cette nombreuse com
munauté, a continué de marcher dans la même voie
D'accord avec le clergé pour détruire l'enseignement mu
tuel qui les gênait, ils ont mis tout en œuvre pour y par
venir. Ont-ils réussi ? C'est une question qui est assoupie
que le temps réveillera. Ce qu'il y a de bien certain, c'es
que cet *esprit* d'humilité, de simplicité, de charité, d
pauvreté, d'abnégation de soi-même, ont disparu de cett
communauté avec la lutte des méthodes.

Aussi la cloche du cloître ne tinte plus pour aller à l
prière, à l'oraison, au chapelet ou à la lecture spirituelle
mais pour aller à une répétition de géométrie, de musi
que ou de gymnastie, etc., comme des figurants de l'Opéra

C'est ce qui a fait dire à un moraliste moderne : que le
frères ignorantins se *savantisent* et se *démonétisent*.

Prix : 10 francs pour les amateurs.

ET GRATIS
Pour les intrigants.

On s'abonne au Palais-Royal, à Paris,

ET EN PROVINCE,

Chez tous les marchands de Nouveautés.

MACON. — IMPRIMERIE DE CHASSIPOLLET.

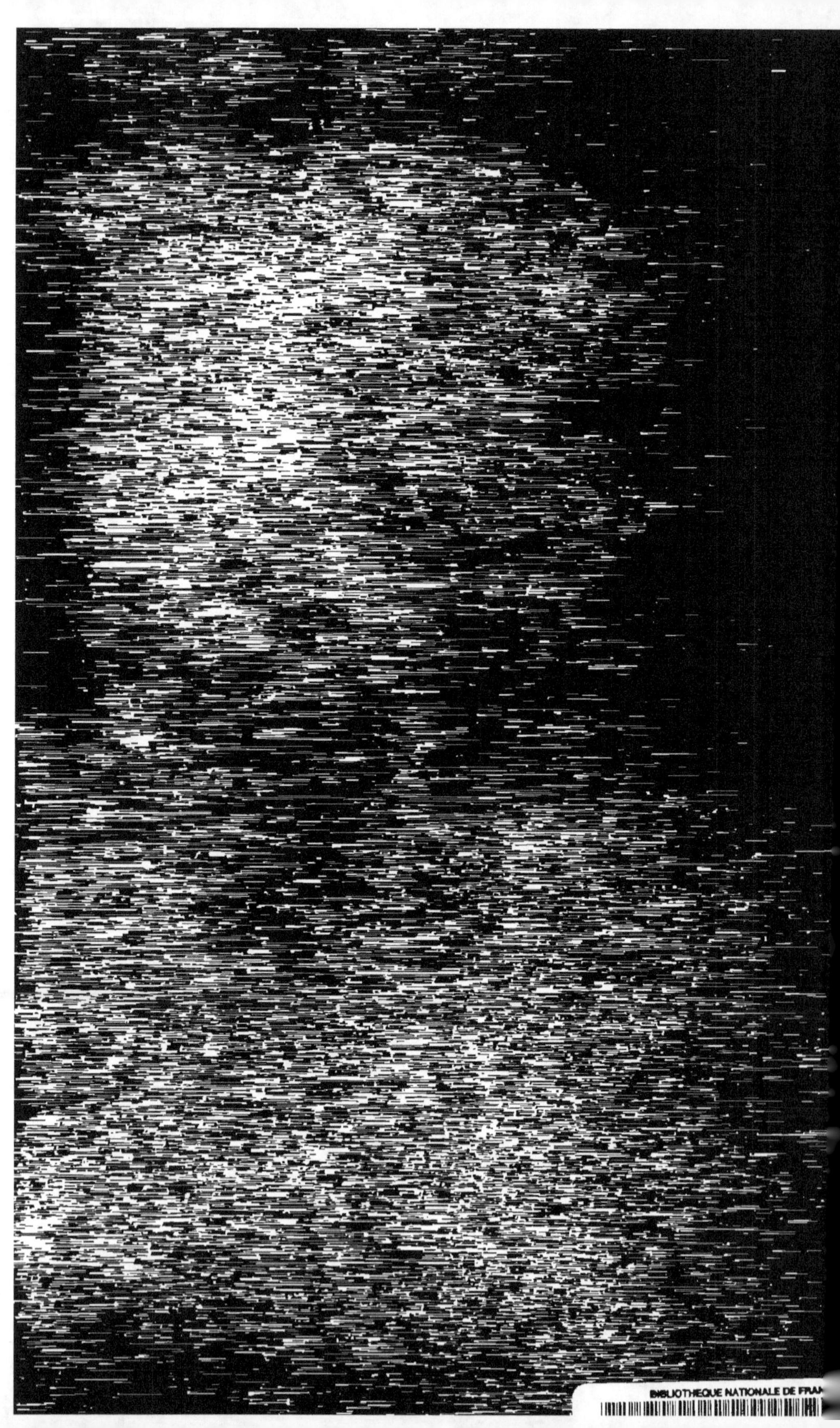